Impressum:

Besuchen Sie uns im Internet:
www.papierfresserchen.de

© 2018 – Papierfresserchens MTM-Verlag GbR
Oberer Schrannenplatz 2 - 88131 Lindau
Telefon: 08382/9090344
info@papierfresserchen.de
Alle Rechte vorbehalten. Erstauflage 2017

Lektorat: Melanie Wittmann
Herstellung: Redaktions- und Literaturbüro MTM
www.literaturredaktion.de
Illustrationen: Vera Peter und Simone Vögele
Cover: Simone Vögele
Lied Seite 49: Anita Menger – mit freundlicher Genehmigung

gedruckt in der EU
ISBN: 978-3-86196-778-1

Glöckchen, Hoppeldine und der Apfelbaum Baumine

und andere Erzählungen

von Dieter Baldo

Illustrationen von
Vera Peter und Simone Vögele

Inhalt

Glöckchen, Hoppeldine und der Apfelbaum Baumine

Auf der Glockenblumenwiese

Es war einmal auf einer grünen Wiese. Dort wuchsen die schönsten Glockenblumen weit und breit. Sie dufteten so gut, dass Bienen und Hummeln aus allen Himmelsrichtungen angelockt wurden, um in kleinen goldenen Eimerchen den Nektar wegzutragen. Glöckchen, die schönste Glockenblume auf der Wiese, stöhnte wie an jedem Abend: „Was für ein Gesumme und Gebrumme den ganzen Tag." Dabei strich sie über ihr zartviolettes Blütenkleid. „Wie sehe ich überhaupt wieder aus – vollkommen ramponiert." Um sie herum kicherten die Gänseblümchen wie kleine Hofdamen.

„Und morgen bei Sonnenaufgang stürmen sie wieder heran, diese wilden Bienen und Hummeln, und saugen meinen Nektar aus mir heraus."

Wieder strich sie über ihre zarten Blütenblätter und lächelte verträumt. Die Gänseblümchen kicherten erneut, denn jetzt würde Glöckchen ihnen zum 37. Mal die Geschichte vom Glockenblumen-Wettbewerb erzählen.

„Wisst ihr, dass ich damals beim Tümpelfest den Glockenblumen-Wettbewerb gewonnen habe?"

Die Gänseblümchen steckten ihre Köpfe zusammen.

„Was gibt's denn da zu tuscheln, ihr dummen Dinger? Ich trug mein schönstes Kleid, sodass alle anderen Glockenblumen dagegen verblassten ..."

Die Erde bebte leicht. Die Gänseblümchen schrien auf, doch Glöckchen erzählte einfach weiter.

Wieder wackelte der Boden kräftig.

Kreischend klammerten sich die Gänseblümchen aneinander fest und flüsterten ängstlich: „Hilfe! Ein Maulwurferdbeben!"

Wie der kleine Baum aus der Erde wuchs

Von alledem merkte Glöckchen nichts. Sie nahm auch nicht wahr, dass ein kleiner Baum genau vor ihrer Nase aus der Erde wuchs. Sie erzählte und erzählte, bis der kleine Baum sie freundlich ansprach: „Wo bin ich?"

„Auf ei...ei...einer Sommerwie...wie...wiese", antwortete Glöckchen stotternd, starrte ihn entgeistert an, seufzte und sank ohnmächtig ins Gras.

Schuldbewusst fächelte ihr der kleine Baum mit seinem einzigen Ast Luft zu, bis die Glockenblume wieder erwachte.

„Hör auf, mit deinem Ast vor meiner Nase herumzuwedeln", geiferte sie und brachte aufgeregt ihre Blütenblätter in Ordnung.

„Tut mir leid", entschuldigte sich der kleine Baum.

„Tut mir leid, tut mir leid", versetzte Glöckchen gereizt. „Erst wächst du, ohne mich zu fragen, aus dem Boden, dann wirbelst du mit deinem Ast in der Luft herum und bringst mein Blütenkleid durcheinander. Ist das die feine Art, einer Glockenblumendame zu begegnen?"

Der kleine Baum wäre am liebsten wieder in den Boden versunken.

„Hier ist kein Platz für dich!", stellte Glöckchen fest.

„Auch nicht für einen kleinen Baum?", hakte der kleine Baum nach.

Glöckchen betrachtete ihn von oben bis unten und sprach vorwurfsvoll: „Bäume wachsen in den Himmel, so hoch wie die Wolken, dann bekommen sie Blüten und tragen Früchte. Und irgendwann, so mir nichts, dir nichts, fällt eine dicke Birne oder ein fetter Apfel genau auf mich drauf und – pflatsch und matsch! – ganz ohne Gruß bin ich nur noch Glockenblumenmus."

„Ich würde nie eine Birne oder einen Apfel auf dich fallen lassen", betonte der kleine Baum aufrichtig.

„Das kann jeder sagen", entgegnete Glöckchen müde und gähnte hinter einem ihrer vorgehaltenen Blätter. „Und was ist, wenn du ganz groß wirst? Dann nimmst du mir das Licht der Sonne weg. Und niemand sieht, wie schön ich bin, weil ich in deinem Schatten stehe."

Mit den letzten Strahlen der untergehenden Sonne sagte der kleine Baum, und es klang wie ein Versprechen: „Für mich wirst du immer die schönste Glockenblume sein. Und meine Äste werden so wachsen, dass du immer ganz viel Sonnenschein abbekommst."

Langsam schloss die Glockenblume die Blütenblätter und ihre Worte klangen nur noch wie ein Hauch: „Oh, das ist schön. Aber jetzt bin ich müde. Ich brauche meinen Glockenblumenschönheitsschlaf." Und schon war Glöckchen fest eingeschlafen.

Das Lied von der weißen Wolke

Der kleine Baum war überhaupt noch nicht müde. Kaum aus der Erde gewachsen, begannen seine Abenteuer. Sehnsuchtsvoll blickte er zum aufgehenden Mond am Himmel und zu den funkelnden Sternen. Vielleicht würde er so groß werden, dass er mit den Wolken sprechen konnte. Oder gar mit den Sternen. Er fühlte seine kleine Seele unter der Rinde.

Und gerade als sich eine weiße Wolke vor den kugelrunden Mond schob, fing der kleine Baum leise an zu singen:

Kaum bin ich hier auf dieser Welt,
ist mir alles wie verstellt,
fühl mich so allein und klein,
wollt nur froh und glücklich sein.

Will die Vögel singen hören,
will den Sternen angehören,
will zu Sonn' und weißen Wolken geh'n,
Welt und Wunder draußen seh'n.

Der traurige Gesang des kleinen Baums tönte durch die Nacht. Die Rehe hörten auf zu äsen, die Hirsche hoben ihr Geweih und lauschten, die Grillen vergaßen zu zirpen und selbst der kleine Maulwurf kam aus der Erde und vergaß, den Regenwurm zu fressen, den er gerade gefangen hatte. Und es kamen ganz viele Glühwürmchen angeflogen, die mit den Sternen um die Wette leuchteten.

Wie Hoppeldine
den kleinen Baum kennenlernte

Auf der Lichtung, ganz nahe beim Wald, spielten zwei kleine Hasen im Mondlicht Fangen. Als Hoppeldine die traurige Melodie hörte, stellte sie sich auf ihre Hinterläufe und lauschte.

„Sei doch mal still!", sagte sie zu ihrem Bruder Hoppelmanni.

„Du bist dran, Hoppeldine. Du musst mich fangen", rief Hoppelmanni und schubste sie, dass sie ins Gras purzelte. „Hoppeldine, Hoppeldine, bist 'ne blöde Hasentrine."

Wütend stürzte sich Hoppeldine auf ihren frechen Bruder. Im Nu waren sie zu einem richtigen Hasenknäuel verkeilt, bis Hoppeldine die Oberhand gewann und ihren Bruder durchkitzelte.

Lachend gab er auf. Daraufhin erhoben sich beide vollkommen zerzaust und reinigten ihr Fell von Gras und Erde.

„Friede, Freude, Möhrenkuchen", schmunzelte Hoppelmanni und reichte seinem Schwesterherz die Pfote.

Jetzt hörte man den wunderbaren Gesang ganz deutlich. Hoppeldine hüpfte an den Rand der Lichtung. „Der Gesang kommt von der Glockenblumenwiese. Lass uns schauen, wer da singt."

Warnend antwortete ihr Bruder: „Du weißt, was unser Vater gesagt hat. Entfernt euch nie mehr als ein paar Hüpfer vom Schlafplatz."

„Dann geh ich eben allein", antwortete Hoppeldine trotzig und war schon im dunklen Gras verschwunden.

Erst jetzt bemerkte der kleine Baum, dass sich jemand im Gras versteckt hielt. Er sah nur zwei winzige Ohren und ein leuchtendes Augenpaar. Weil er noch niemanden kannte bis auf die Glockenblume, die Nacht ein wenig dunkel war und er sich ein bisschen fürchtete wie alle Kinder, rief er und versuchte dabei, mutig zu klingen: „Hallo."

Wie ein Echo schallte es von den Grashalmen zurück: „Hallo."

„Wer bist du? Vielleicht ein kleiner Baum?", fragte der kleine Baum.

„Warum sollte ich ein Baum sein, wenn ich ein kleiner Hase bin", antwortete der Hase.

Der kleine Baum überlegte. „Ich habe noch nie einen Hasen gesehen."

„Und ich noch nie so einen kleinen Baum wie dich. Ich kenne nur große Bäume aus dem Wald da drüben. Pappeln, Buchen, Tannen ...", gab der kleine Hase hinter den Grashalmen zurück.

Und der kleine Baum beeilte sich zu sagen: „Ich bin gerade erst geboren und wachse noch – bis in den Himmel. Dann werde ich mit den Wolken sprechen."

Langsam hoppelte der Hase näher, stellte sich auf die Hinterfüße und fragte aufgeregt: „Mit den Wolken sprechen? Du meinst doch nicht diese weißen Wattedinger da oben? Aber das geht doch nicht!"

„Warum sollte das nicht gehen? Ich glaube fest daran", sprach der kleine Baum und versuchte, größer auszusehen, als er war.

Der kleine Hase musterte den noch kleineren Baum und wackelte dann nervös mit seinen Ohren. „Meinst du, ich könnte auch mit den weißen Wolken sprechen?"

„Aber natürlich", antwortete der kleine Baum freundlich. „Wenn ich so groß geworden bin wie deine Pappeln und Buchen, kannst du an mir hochklettern. Und wir könnten gemeinsam mit den Wolken sprechen."

Als der kleine Hase das hörte, tanzte er wild um den kleinen Baum herum, sprang in die Luft und jauchzte: „Da wird mein Bruder Hoppelmanni aber staunen, wenn ich ihm das erzähle. Ab morgen werde ich die doppelte Portion Möhren essen. Und dir bringe ich auch welche, damit du schneller wächst."

Der kleine Baum rümpfte seine Rinde. „Möhren?"

„Ja, Möhren sind das Beste, was es gibt", schwärmte der kleine Hase.

„Ich brauche Wasser, Sonne und kräftige Erde", entgegnete der Baum.

Da staunte der Hase. „Nur Wasser und keine Möhren? Das ist ja noch einfacher. Dann bringe ich dir jeden Tag frisches Wasser vom See."

Hoppeldine verabschiedete sich, doch nach ein paar Hüpfern kam sie zurück. „Übrigens, ich heiße Hoppeldine. Und wie heißt du?"

„Ich habe noch keinen Namen", gab der Baum zurück.

Im Weggehen rief Hoppeldine ihm noch zu: „Ich werde einen Namen für dich finden, der zu dir passt."

Hummelpummels Nektartanz

„Wilde Bienen und Hummeln sind im Anflug!", hörte der kleine Baum früh am Morgen Glöckchen rufen.

Und im näher kommenden Gesummse und Gebrumme priesen die Glockenblumen ihren Nektar an, jede versuchte, lauter und schöner zu sein als die andere. „Hierher! Hierher! Kommt zu mir! Ich habe den feinsten Nektar auf der Wiese!"

Die Bienen und Hummeln flogen erst gemächlich über die Wiese, dann stürmten sie los. Und bei ihrem wilden Anflug auf die schönsten Blumen mit dem süßesten Nektar schepperten die kleinen goldenen Eimerchen.

Der kleine Baum duckte sich ängstlich ins Gras.

Schon näherte sich eine Hummel und flog brummend um die Glockenblume herum, nicht ohne sich artig zu verbeugen. „Habt Ihr vielleicht ein wenig Nektar für mich, liebstes Glöckchen? Nur ein winziges Schlückchen. Ich bin so durstig nach dem langen Flug."

Die Glockenblume öffnete ihre Blütenblätter ganz weit und frohgemut wühlte sich Hummelpummel in sie hinein. Im tiefsten Bass sang sie und wackelte dabei im Takt mit ihrem Hinterleib.

Ach, Euer Nektar ist so gut,
ich fühl mich gleich so wohlgemut.
Er rinnt durch meine Kehle fein,
so muss es auch im Himmel sein.
Drum nehmt es mir nicht übelchen,
wenn mir kommt ein ... Fürzelchen.

Nach einer Weile kroch Hummelpummel mit ihrem gefüllten Eimerchen aus dem Blütenkelch heraus und wischte sich den Nektar vom Rüssel. Und wenn man ganz genau hinschaute, war sie dicker als vorher, denn in alle Taschen ihrer Weste und Pumphosen hatte sie Nektar eingefüllt – für ihre lieben Kinderchen und als kleine Wegzehrung für den langen Heimflug. Schwer begann sie ihren Hummelpummeltanz. Dabei schwappte der süße Nektar aus allen Taschen.

„Brumm, brumm, brumm, brumm,
freu mich, summ herum, bidibum.
Brumm, brumm, brumm, brumm,
tanz auf einem Bein herum."

Glöckchen lachte und tanzte mit Hummelpummel, die sich artig verabschiedete und versprach, pünktlich bei Sonnenaufgang wiederzukommen. Nach einem kräftigen Schluck Nektar trat sie im leichten Zickzackkurs den Heimweg an und streifte dabei den Ast des kleinen Bäumchens.

„Apfelblüten", flüsterte sie schnuppernd, „meine Leibspeise."

Der kleine Baum Baumine

So ging das den ganzen Frühling und auch den Sommer hindurch. Die Glockenblume wurde immer netter und freundlicher zu ihrem benachbarten kleinen Baum, der inzwischen von Hoppeldine auf den Namen *Baumine* getauft worden war. Baumine deshalb, weil es klang wie Hoppeldine. Jeden Tag bekam der kleine Baum frisches Wasser aus einer Blechdose, die Hoppeldine im Gebüsch gefunden hatte. Und Baumine trank und trank, um größer zu werden.

Einmal die Woche wurde gemessen. Dazu stellte sich Hoppeldine auf ihre Hinterpfoten, Rücken an Rücken mit Baumine. Gespannt schauten beide zu Glöckchen.
„Vielleicht ein Zentimeterchen ... oder doch nur ein Millimeterchen ..."

Was so viel hieß wie: wieder nicht gewachsen.

Mit allerlei Hasenkunststücken und vergnüglichen Geschichten von ihrem frechen Bruder Hoppelmanni versuchte sie, Baumine aufzumuntern. Sie machte einen Salto hoppalto und verschiedene lustige Hasengesichter. Baumine lachte zwar, aber unter ihrer Rinde war sie traurig.
Das spürte Hoppeldine und ihr Hasenherz war ganz schwer, als sie spätabends nach Hause ging. Sie nahm sich vor, Baumine morgen besonders viel Wasser zu bringen. Und kräftige Erde von den Pappeln und Tannen im Wald, die ja auch himmelgroß geworden waren.

Als Baumine allein war, liefen ein paar Tropfen an ihrer Rinde hinunter. Traurig fing sie an zu singen:

Kaum bin ich hier auf dieser Welt,
ist mir alles wie verstellt,
fühl mich so allein und klein,
wollt nur froh und glücklich sein.

Will die Vögel singen hören,
will den Sternen angehören,
will zu Sonn' und weißen Wolken geh'n,
Welt und Wunder draußen seh'n.

Wie vor einigen Monden tönte der sehnsuchtsvolle Gesang Baumines durch die Nacht. Alle Tiere lauschten aufmerksam, denn inzwischen hatte sich die Geschichte von dem kleinen, unglücklichen Baum, der nicht wachsen wollte, herumgesprochen.

Das Sternenkind

Als Hoppeldine traurig auf dem Nachhauseweg war, sah sie am Himmel einen hellen Schein. Erst dachte sie, es sei ein Wetterleuchten. Oder die Versammlung der Glühwürmchen. Sie starrte nach oben und blieb wie angewurzelt stehen. Einer der unendlich vielen Sterne verließ tatsächlich den Himmel und machte sich auf die Reise zur Glockenblumenwiese.

Hoppeldine rannte, so schnell sie konnte, zu Baumine. Und was sie sah, würde sie nie wieder vergessen. Ein Kind mit einem leuchtenden Strahlenkranz schwebte vor Baumine und sprach lächelnd zu ihr: „Ich bin ein Himmelskind. Und ich komme zu dir, weil du weinst."

Wie im Traum setzte Hoppeldine eine Pfote vor die andere und umklammerte den kleinen Ast von Baumine.

„Ihr seid Freunde, das spüre ich", flüsterte das Sternenkind und es klang wie das Rauschen des Windes. Beide nickten verzaubert.

„Der große Sternenrat hat mich geschickt, Baumine, um dir zu sagen", sprach das Sternenkind weiter, „dass wir gemeinsam wachsen und groß werden. Denk immer daran, wenn du zum Sternenhimmel blickst. Ich bin dein Stern und von nun an bist du nie mehr allein. Ich leuchte nur für dich, Baumine." Und bevor sich das Sternenkind zum Himmel erhob, sagte es noch: „Lebt wohl, ihr beiden."

Hoppeldine und Baumine antworteten einträchtig im Chor: „Leb wohl, Sternchen. Und gute Reise." Lange blickten Hoppeldine und Baumine, die sich immer noch festhielten, dem Stern nach.

Plötzlich machte der kleine Hase einen Luftsprung, hoppelte wie wild um Baumine herum und jauchzte: „Du wirst wachsen, Baumine!" Und alle Tiere freuten sich mit Baumine, besonders der Maulwurf, der sich aus der Erde wagte, um mit den Feldmäusen auf seinem Maulwurfshügel bis zum frühen Morgen herumzutanzen. Hoppeldine schüttelte die schlafende Glockenblume, dass ihr fast ein Blütenblatt abgefallen wäre. Schlaftrunken beschwerte sie sich: „Bist du verrückt, Hoppeldine? Mich vor Sonnenaufgang zu wecken ... Du weißt, dass ich meinen Schönheitsschlaf brauche."

„Ach was, Schönheitsschlaf. Heute Nacht wird gefeiert", krakeelte Hoppeldine und gab Glöckchen einen herzhaften, schmatzenden Kuss.

„Igitt!", schrie Lusie entsetzt. „Ein Kuss von einem verrückten Hasen. Jetzt habe ich die Tollera und mein Nektar wird schlecht."

Der Hase tanzte immer noch wie wild herum und rief: „Baumine wird wachsen. Wir hatten gerade Besuch von einem Sternenkind, das vom großen Sternenrat zu Baumine geschickt wurde."

Die Glockenblume schaute, bevor sie wieder einschlief, zum Himmel und murmelte: „Sternenkind. Großer Sternenrat. So ein Blödsinn."

Baumine, der Blütenbaum

Doch es kam so, wie das Sternenkind es vorausgesagt hatte. Baumine wuchs. Bei jedem Messen stellte Glöckchen fest: „Gewachsen, so ein Stück." Dabei streckte sie ihre Blätter ganz weit auseinander.

Und jede Nacht, bevor sie einschlief, dankte Baumine ihrem Stern, den sie unter Tausenden und Abertausenden erkannte, weil er nur für sie und auch für Hoppeldine leuchtete.

Als die Glockenblume sich in den Glockenblumenwinterschlaf verabschiedete und in der dunklen Erde verschwand, war Baumine schon drei Hasenlängen groß. Und während die kalten Herbstwinde über die kahle Wiese fegten, war Baumine um weitere vier Hasenlängen gewachsen. Ihr Stamm war schon so dick geworden, dass Hoppeldine beide Pfoten nehmen musste, um sie zu umarmen.

Und es wurde Winter. Als Baumine am Weihnachtsmorgen erwachte, lag auf ihren weitverzweigten Ästen Schnee. Und überall um sie herum war es weiß.

Hoppeldine, bekleidet mit warmen Handschuhen und einem Schal um den Hals, stand strahlend neben einem lustigen Schneehasen mit zwei großen Möhren als Ohren und einem Stück Kohle als Schnuppernase. „Der Schneehase ist ein Geschenk für dich. Fröhliche Weihnachten", strahlte sie.

„Und von mir bekommst du meinen ersten Apfel", bedankte sich Baumine glücklich.

Baumine wuchs den ganzen Winter hindurch um weitere fünf Hasenlängen. Und auch Hoppeldine wuchs.

Im Handumdrehen wurde es Frühling. Auf der Wiese wuchs das Gras und aus Baumine wurde ein wunderschöner Blütenbaum.

Auch die Glockenblume kam bei den ersten warmen Sonnenstrahlen wieder aus der Erde, gähnte ... und wäre fast ohnmächtig geworden, als sie entsetzt an Baumine hochblickte. „Bist du vielleicht ... Baumine? Bist du der Baumzwerg, dieser Winzling, dieser Däumeling?" Die mindestens fünfzehn Hasenlängen große Baumine lächelte zu Glöckchen herunter und nickte eifrig. „Wie ist das möglich, dass du so schnell gewachsen bist? Und was für wunderschöne Blüten du hast! Das ist ein ... Wunder", staunte Glöckchen.

Mit großen Sprüngen näherte sich Hoppeldine. Schon von Weitem waren ihre großen Ohren im Gras zu sehen. Entsetzt sah Glöckchen, wie der Hase auf sie zuraste und mit einem Salto hoppalto über sie hinwegsprang. „Endlich ausgeschlafen, Glöckchen?"

„Bist du's, Hoppeldine?", fragte Glöckchen skeptisch.

„Wer sollte ich denn sonst sein?", antwortete diese und begrüßte die Freundin mit einem herzhaften Kuss auf ihre Blütenblätter.

Überwältigt heulte Glöckchen los. „Was seid ihr groß geworden, meine lieben Kinder. Dass ich das noch erleben darf."

Und von Baumine schwebte ein kleines grünes Blatt herunter, mit dem sich Glöckchen die Tränen trocknete. Schon bald war ihr Kummer verflogen und im milden Frühlingswind hörte man sie bei Sonnenaufgang rufen: „Wilde Bienen und Hummeln sind im Anflug!"

Doch dieses Mal flogen Hummelpummel und die anderen an Glöckchen vorbei und stürzten sich auf Baumines wohlschmeckende Apfelblüten, nicht ohne sich vorher artig verbeugt zu haben. Anfänglich schaute die Glockenblume ärgerlich drein, doch auch dieser Ärger verflog, als sich eine kleine, freundliche Biene mit ihr anfreundete.

So ging das den ganzen Frühling über, bis Baumines Blüten einfach abfielen und Ruhe auf der Wiese einkehrte.

Der große Sturm

Es war an einem wunderschönen Nachmittag. Hoppeldine hatte gerade zehn großen Möhren geknabbert, da sprach sie zu Baumine: „Bald treiben die Herbstwinde die dicksten Wolken an uns vorbei. Dann will ich endlich an dir hochklettern, bis zum obersten Ast."

Jeden Tag hielten sie Ausschau nach den Wolken, doch erst als Glöckchen sich wieder zu ihrem alljährlichen Winterschlaf verabschiedete, war die Zeit der dicken Wolken nah. Doch vorher sollte Baumine endlich Äpfel bekommen. Rotbackige, wohlschmeckende Äpfel. Und jeder, der vorbeikam, um Baumine zu bestaunen, ob Tier oder Kind, erhielt einen Apfel von ihr. Doch den ersten und schönsten schenkte sie ihrer besten Freundin Hoppeldine als verspätetes Weihnachtsgeschenk.

Eines Morgens erschnupperte Hoppeldine einen richtigen Herbststurm. Als sie mit großen Sprüngen zu Baumine hoppelte, spürte sie die ersten dicken Regentropfen. Sie sah kaum noch ihre Pfote vor den Augen.

Und im Pfeifen des nahenden Sturmes rief ihr Baumine zu: „Schnell! Klettere an meinem Stamm hoch. Hier oben bist du geschützt."

Doch sosehr sich Hoppeldine bemühte, sie rutschte immer wieder an der nassen Rinde ab. Baumine versuchte ihr vergeblich einen Ast zu reichen. Nass bis auf die Haut kam Hoppeldine der rettende Gedanke. Sie suchte und fand einen langen Stock, schickte ein kurzes Stoßgebet zu Baumines Stern, nahm Anlauf und wie ein Stabhochspringer katapultierte sie sich auf die erste Astgabelung. Fast wäre sie wieder hinuntergepurzelt, hätte Baumine sie nicht festgehalten.

Nach einer Verschnaufpause kletterte Hoppeldine erst einen

Ast, dann noch einen Ast empor, bis sie fast ganz oben war. Da tobte der Sturm erst richtig los und zerrte an Hoppeldine, die wie ein Stück Wäsche am obersten Ast hing.

In tiefster Not rief Baumine ihren Stern an: „Bitte, lieber Stern, hilf Hoppeldine!"

Da riss die schwarze Wolkenwand auf und wie ein Diamant leuchtete der Bauminestern. Da duckte sich der Sturm und verschwand mit einem grimmigen Gesicht am Horizont.

Erschöpft und durchnässt schliefen die beiden Freundinnen ein.

Kumuline Haufenwolke und ihre Lämmerwölkchen

Bei Sonnenaufgang weckte sie ein fröhlicher Gesang. Eine dicke weiße Wolke schaukelte singend über sie hinweg, gefolgt von vielen Wölkchen, die in den höchsten Tönen den Refrain sangen.

Flieg heut nach Arabistan,
bis ich treff nen Hindustan.
Weiter geht's nach Tibetanien
und auch noch nach Ozeanien.

Bevor die dicke Wolke weitersingen konnte, rief ihr Hoppeldine zu: „Fliegst du wirklich nach Arabistan, Wolke?"
„Zweifelst du etwa an meinem Lied?", gab die Wolke entrüstet zur Antwort und blieb abrupt stehen.

Darauf waren die kleinen Wolken nicht gefasst gewesen und eine nach der anderen lief auf die dicke Wolke auf, sodass eine richtige Karambolage am Himmel entstand.

„Himmeldonnerwetterbombardementundwolkenbruch! Könnt ihr nicht aufpassen, ihr malefizigen Himmmelsziegen?!" schimpfte sie.

Die Kleinen entschuldigten sich: „Tut uns leid, Kumuline Haufenwolke.

„Arabistan ist noch weit", wetterte sie weiter. „Gar nicht zu reden von Tibetanien. Da stehen die hohen Berge nur so im Weg herum. Da heißt es: aufgepasst! Am Himmel schweben will gelernt sein. Nur kein Lämmerhaufen, ihr Lämmerwölkchen."

Nach dieser Standpauke wandte sich Kumuline dem eigentlichen Verursacher der Wolkenkarambolage zu. „Was fällt dir überhaupt ein, unsere wichtige Reise zu unterbrechen?

In Arabistan warten sie auf uns Schönwetterwolken." Und da Wolken bekanntlich vorwitzig sind, fragte sie noch: „Was macht ein Hase überhaupt auf einem Apfelbaum? Wohnst du hier?"

Und während Hoppeldine und Baumine all ihre Abenteuer erzählten, lachte die Wolke in einem fort. Sie kugelte und ballte sich zu einer Haufenwolke, lachte prustend über Glöckchen, hielt sich den Bauch wegen Hummelpummels Nektartanz, war gerührt über die wunderbare Begegnung mit dem Sternenkind und beim gefährlichen Sprung Hoppeldines mit dem Stecken hielt sie den Atem an.

Und am Ende der lustigen und wundersamen Geschichten gestand Kumuline kichernd: „Ich bin viel gereist und weit herumgekommen, aber was sind all die Wunder und Träume dieser Erde gegen eure Abenteuer und Träume auf der Glockenblumenwiese? In meinem Wolkenbauch nehme ich sie alle mit und überall werde ich sie erzählen. Und nächstes Jahr komme ich wieder mit meinen Lämmerwölkchen. Mein Weg führt ab jetzt immer über die Glockenblumenwiese. Lebt wohl."

Kumuline Haufenwolke zog weiter und sang auf dem langen Weg nach Arabistan, Tibetanien und Ozeanien mit ihren Lämmerwölkchen im Chor ein neues Lied mit vielen Strophen.

„Kennt ihr die Geschichte,
die ich euch hier dichte,
vom Apfelbaum Baumine
und dem Hasen Hoppeldine?

Hoppeldine und ihre Hasenkinder

Auch als Hoppeldine eine stattliche Häsin geworden war und irgendwann einen stattlichen Hasen kennenlernte, mit dem sie verliebt Pfote in Pfote durchs Gras hoppelte, besuchte sie jeden Tag ihre Freundin Baumine. Und eines Tages kam sie stolz mit zwei kleinen Hasenkindern vorbei.

Glöckchen heulte wie eine Schlüsselblume und drückte die Kleinen an ihre Blütenblätter. „Ganz die Mama", sagte sie schluchzend. „Wie aus dem Gesicht geschnitten, vor allem die Schnuppernasen."

Und die Hasenkinder bekamen von Baumine zwei rotbackige Äpfel.

Auf dem Nachhauseweg hüpften die Hasenkinder aufgeregt um Hoppeldine herum und hängten sich an ihre Ohren. Sie wollten endlich wissen, wie sich Baumine und Glöckchen kennengelernt hatte.

Nachdenklich blieb Hoppeldine stehen und sagte dann verträumt: „Das ist eine lange Geschichte, Kinder." Und sie musste ihnen versprechen, im Winter, wenn die Tage kurz und die Nächte lang waren, alles zu erzählen, in aller Ausführlichkeit.

Und Hoppeldine war, als hörte sie von einem anderen Ende der Welt, vielleicht aus Arabistan, Tibetanien oder gar Ozeanien, Kumulines schallendes Wolkengelächter. Und vor ihren Augen sah sie hohe, weiß verschneite Berge, Wale und Delfine, die sich mit ihren Kindern über Kumulines wundersame Geschichten und Lieder von der Glockenblume Glöckchen, dem Hasen Hoppeldine und dem Apfelbaum Baumine freuten.

Wie Hüpfchen Heupferd grashüpfen lernt

Wie Hüpfchen Heupferd grashüpfen lernt

„Es wird Zeit", sagte Hüpfauf Heupferd eines Morgens bestimmt zu seinem jüngsten Sohn Hüpfchen. „Es wird Zeit, dass du ein richtiges Heupferd wirst."

„Aber ich bin doch ein Heupferd – wie du", entgegnete Hüpfchen vorlaut.

„Wie willst du ein Heupferd sein, wenn du noch nicht einen einzigen Hüpfer im Gras gemacht hast, seitdem du aus dem Ei geschlüpft bist?", entgegnete Vater Hüpfauf streng.

„Aber warum muss ich denn überhaupt hüpfen?", fragte Hüpfchen. Er hatte überhaupt keine Lust, im Gras herumzuhüpfen.

„Weil du ein Grashüpfer bist und kein Stubenhocker." Damit beendete Vater Hüpfauf das Gespräch und sprang hinaus auf die mit vielen Blumen bewachsene Wiese.

Hüpfchen folgte ihm widerwillig.

„Ach, hüpfen ist so schön. Ich könnte den ganzen Tag herumhüpfen und mich freuen, dass ich ein Heupferd bin", jubelte Papa Hüpfauf und sprang von einem Bein auf das andere, so hoch, dass Hüpfchen sich fast den Hals verrenkte.

Er staunte nicht schlecht über die akrobatischen Hüpf- und Springübungen, Pirouetten und Drehungen, bei denen sein Vater mit seinen Flügeln zirpte und fröhlich aus voller Kehle sang.

„Ich hüpfe auf den Löwenzahn,
ohne Kran und Lebertran.

Dort zirp ich wie ein Violinchen,
sing und freu mich wie ein Bienchen.

*Spring herunter, dreh mich in der Luft
und atme ein den Wiesenduft.*

*Begrüß im Flug den Schmetterling,
umkreise ihn und sing:*

*Heupferd sein ist wundervoll,
juche, juchei – ich fühl mich toll."*

Mit offenem Mund sah Hüpfchen seinen Vater neben sich elegant im Gras landen. „Jetzt du!", rief dieser auffordernd.

„Ich? Ich kann nicht – mir tut mein Hüpfbeinchen weh", stotterte Hüpfchen.

„Papperlapapp", unterbrach ihn sein Vater, „ein Heupferd kann immer hüpfen und zirpen."

Zaghaft machte Hüpfchen einige kleine Hüpfer, stolperte über einen Grashalm und hielt sich gerade noch an einem Gänseblümchen fest, das ihn freundlich anlächelte.

Hüpfchen entschuldigte sich stammelnd: „Tut mir ... tut mir ... leid. Ich hüpfe ... hüpfe heute zum ersten Mal."

„Aber das macht doch nichts. Aller Anfang ist schwer", erwiderte das Gänseblümchen verständnisvoll.

„Wir kommen jetzt zur zweiten Übung", drängelte Vater Hüpfauf. „Du musst von Lotte Löwenzahn herunterspringen." Dabei verbeugte er sich höflich vor Lotte, die sich leicht im Wind hin und her bewegte.

Hüpfchen schaute langsam nach oben und fragte dann entsetzt: „Und da soll ich ... von ganz oben?"

Hüpfauf nickte nur und legte unter den Löwenzahn ein Stückchen Moos. „Damit du weich landest."

Ängstlich und mit zitternden Knien kletterte Hüpfchen den Stängel hoch, bis er auf dem schwankenden Löwenzahn angekommen war. „Spring! Es ist ganz einfach", rief ihm sein Vater winkend zu, aber Hüpfchen traute sich nicht.

Er verdrehte die Augen und torkelte auf den Abgrund zu.

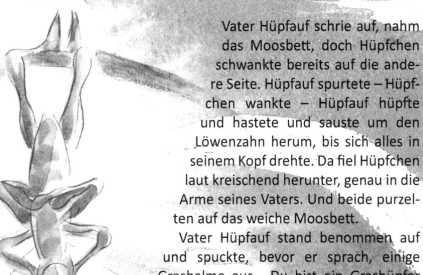

Vater Hüpfauf schrie auf, nahm das Moosbett, doch Hüpfchen schwankte bereits auf die andere Seite. Hüpfauf spurtete – Hüpfchen wankte – Hüpfauf hüpfte und hastete und sauste um den Löwenzahn herum, bis sich alles in seinem Kopf drehte. Da fiel Hüpfchen laut kreischend herunter, genau in die Arme seines Vaters. Und beide purzelten auf das weiche Moosbett.

Vater Hüpfauf stand benommen auf und spuckte, bevor er sprach, einige Grashalme aus. „Du bist ein Grashüpfer und kein Fallobst."

Hüpfchen rappelte sich auf und antwortete mit hängendem Kopf: „Ich weiß, Papa."

„Dann kommen wir jetzt zum Butterblumen-Stafettenhüpfen. Darf ich vorstellen: Das ist Hermine Butterblume."

Hüpfchen starrte zuerst seinen Vater an, dann die Butterblume, die sich leicht verneigte.

„Es ist ganz einfach", beruhigte ihn Hüpfauf, „du nimmst ein paar kleine Hüpfer Anlauf und springst dann mit einem einzigen Satz einfach über die Butterblume hinweg."

Hüpfchen nickte entschlossen, nahm einen besonders langen Anlauf und rannte, ohne lange zu überlegen und mit geschlossenen Augen, auf die größer werdende Butterblume zu. Dabei sprach er laut mit sich selbst: „Ich bin ein Heupferd ... ein Heupferd ... ein Heupferd ..."

Sein Vater rief ihm zu: „Spring ab! Du musst abspringen!"

Doch Hüpfchen lief immer weiter und – rumms!
– war er gegen die Butterblume gestoßen.
Hüpfchen machte einige Purzelbäume
rückwärts und blieb regungslos im Gras
liegen.

Hermine Butterblume, die sich gerade
gesonnt hatte, stieß einen spitzen Schrei
aus und wackelte bedenklich hin und
her. Als sie sich nach unten drehte, jam-
merte sie laut: „Mein Butterstängel hat
einen Knick." Und den Übeltäter Hüpfchen herrschte sie an: „Kannst du denn
nicht aufpassen, du tollpatschiger Toll-
patsch?! Du hüpfiger Heuhopser! Siehst du
nicht, dass ich hier stehe und mich sonne? Ich
bin eine Butterblume und keine Buttercreme-
torte."

Am liebsten hätte sich Hüpfchen in ein Mauseloch ver-
krochen. Ohne ein einziges Mal zu hüpfen, lief er schnell nach
Hause, legte sich ins Bett, zog seine Grasdecke über den Kopf,
und bevor er traurig einschlief, dachte er: „Nie werde ich ein
Heupferd, das hüpfen und springen kann. Nie. Nie. Nie."

Hüpfchen wälzte sich unruhig in seinem Grasbett, denn im
Traum hörte er das Jammern und Klagen der Wiesenblumen.
Sie waren vollkommen ramponiert. Ihre Stängel waren voller
Knicke und Pflaster. Die gelben Blütenblätter waren abgefal-
len. Mit kahlen Köpfen sangen sie klagend im Chor.

Ach, wir lebten glücklich auf der Wiese,
im allerschönsten Blumenparadiese.

Wir wiegten uns im milden Frühlingswind,
bis uns ramponiert ein Grashüpferkind.

Jetzt sind wir zerzaust,
dass es uns graust.

Ein kahler Chor
mit Trauerflor.

Da tauchte in seinem Traum das Gänseblümchen auf und vertrieb die aufdringlichen, kahlköpfigen Blumen. Freundlich lächelte es Hüpfchen zu, der fragte: „Glaubst du, dass ich irgendwann ein richtiges Heupferd werde?"

Das Gänseblümchen nickte eifrig. „Wenn du willst, kannst du bis zu den Wolken hüpfen. Oder bis zur Sonne."

Hüpfchen erwachte ganz früh und ging allein auf die Wiese. Das Gänseblümchen lächelte ihm freundlich zu.

Lotte Löwenzahn und Hermine Butterblume reckten ihre Blütenkelche in die Morgensonne, als sie von Hüpfchen mutig angesprochen wurden: „Hallo!"

Langsam drehten sich die Blumen um und erschraken. Ängstlich fragten sie: „Was willst du denn hier?"

„Ich will grashüpfen", antwortete Hüpfchen.

Verdattert schauten sich die Blumen an und hielten sich angsterfüllt an den Blättern fest.

„Grashüpfen?", fragte Lotte Löwenzahn entsetzt.

„Grashüpfen?", stieß Hermine Butterblume noch entsetzter hervor.

Und im Chor: „Auf unserer Wiese? Rette sich, wer kann."

Und während sie ihre Sonnenschirme aufspannten, verkündeten sie: „Auf dass uns kein Grashüpfer auf den Blütenkelch falle!"

Da mischte sich das Gänseblümchen ein und rief mit hoher, aber fester Stimme: „Warum gebt ihr Hüpfchen keine Chance?"

Lotte Löwenzahn schaute hinunter. „Was willst du denn, du Gernegroß?"

Hermine Butterblume fügte hinzu: „Du Möchtegernblume."

Und im Chor: „Du Gänseblümchen!"

Wahrend das Gänseblümchen sich mit „Ihr eitlen Gänse!" zur Wehr setzte, machte sich Hüpfchen traurig und mit hängenden Schultern auf den Weg nach Hause. Zu seinem Grasbett. Er war so in seine Traurigkeit versunken, dass er nicht merkte, wie es hinter ihm ganz still wurde und alle ihm mitfühlend nachblickten.

Da hörte er von Weitem die Stimme von Lotte Löwenzahn: „Hallo Hüpfchen."

Und dann die Stimme von Hermine Butterblume: „Hallo Hüpfchen."

Er blieb stehen und drehte sich langsam um.

Und mit dem Gänseblümchen im Chor sagten sie: „Komm zurück! Wir helfen dir – als deine Blumentrainer."

Vor lauter Freude machte Hüpfchen einen richtigen Hüpfer, rannte los und schrie: „Juhu! Juhu! Endlich werde ich ein Heupferd!"

Und auf dem Weg zu seinen neuen Blumentrainern hüpfte sein Herz vor Freude. Hüpfchen sprang über alle Grashalme hinweg, hüpfte immer höher, machte einen doppelten Salto, landete genau vor seinem Gänseblümchen und umarmte es zärtlich. „Ich danke dir. Und wenn ich in die Luft springe, zu den Wolken und zur Sonne, dann nehme ich dich mit."

Hüpfchen sprang aus dem Stand auf Lotte Löwenzahn und von dort mit einem doppelten Looping auf Hermine Butterblume.

„Ich danke euch allen, dass ich endlich hüpfen kann."

Und schon sprang Hüpfchen nach unten und landete nach einem Salto elegant im Gras. Lotte Löwenzahn, Hermine Butterblume und das Gänseblümchen applaudierten begeistert.

Hüpfchen verbeugte sich artig und rief jubelnd: „Ach, hüpfen ist so wunderschön. Ich könnte den ganzen Tag herumhüpfen und mich freuen, dass ich ein Heupferd bin."

Fröhlich sprang Hüpfchen von einem Bein auf das andere, so hoch, dass die Blumen sich fast den Hals verrenkten. Und die staunten nicht schlecht über die akrobatischen Hüpf- und Springübungen, Pirouetten und Drehungen, bei denen Hüpfchen, nun ein richtiges Heupferd, aus voller Kehle sang und mit seinen Flügeln zirpte.

Heupferd sein ist wundervoll,
juche, juchei – ich fühl mich toll.

Meine Angst ist nun vorbei,
das ist für mich wie Zauberei.

Ich danke dir dafür, Hermine,
du bist für mich wie Balsamine.

Und du, liebe Lotte Löwenzahn,
so viel hast du für mich getan.

Und dich, mein Gänseblümchen, nehm ich mit
auf meinen wunderbaren Himmelsritt.

Und Hüpfchen Heupferd flog hoch und höher, bis er ganz weich auf einer weißen Wolke landete. Und unten auf der Blumenwiese sah er seinen Vater stehen, zusammen mit seinen 99 Geschwistern. Alle winkten ihm zu. Und Hüpfchen Heupferd winkte glücklich zurück.

Ivanna und die
kleine Walnuss

Kapitel 1

Es war der 23. Dezember. Ivanna hatte sich so sehr auf weiße Weihnachten gefreut, auf Schneeflocken, die die ganze Landschaft zudeckten. Deswegen hockte sie nun schon eine lange Zeit vor dem Fenster und wartete ungeduldig. Zu einem geschmückten Tannenbaum mit Strohsternen, Lichtern und goldenen Nüssen gehörte auch Schnee. Sie drückte ihr Gesicht dicht an die Fensterscheibe, bis ihre Nase ganz kalt war. Heute Nacht hatte sie von Schneeflocken geträumt. Sie hatten lustige Gesichter und versprachen: „Wir kommen, Ivanna. Morgen werden wir die Erde besuchen, denn wir wollen wissen, wie die Menschen Weihnachten feiern." Und sie tanzten für Ivanna einen lustigen Schneeflockentanz, wirbelten herum und sangen:

Wir Schneeflöckchen tanzen auf und nieder!
Kommen vom Himmel schnell herab,
dass alle Kinder Freude haben.
Schneeflöckchen, tanze!
Wir Schneeflöckchen tanzen auf und nieder!
Bauen den Kindern eine Rodelbahn,
wo man lustig rodeln kann.
Schneeflöckchen, tanze!
Wir Schneeflöckchen tanzen auf und nieder!
Und schneien jetzt die ganze Nacht
für 'ne richt'ge Schneeballschlacht.
Schneeflöckchen, tanze!

Ivanna erinnerte sich, dass sie im Traum mit einer ganz dicken Schneeflocke getanzt hatte, die ihr fest versprach:

Ivanna, Schätzchen, alles klar?
Wir kommen jetzt als ganze Schar,
zur Weihnacht wird es wunderbar!

Fröhlich wirbelte Ivanna nach dieser wunderbaren Nachricht durch die Luft, wiegte sich im Wind. Und mitten im Schneeflockentanz wachte sie auf. Sie rieb sich die Augen und rannte ganz schnell im Nachthemd und barfuß zum Fenster. Doch die Landschaft war grau und nicht weiß. Wo waren denn nur die Schneeflocken? Hatten sie den Weg vom Himmel herunter nicht gefunden? Hatte sie der eisige Nordwind zum Nordpol getrieben? Oder hatte Frau Holle gar verschlafen? Sie sollte endlich ihre Betten ausschütteln.

In der Schule hatte sie gelernt, wie Schnee entstand. Wenn es in den Wolken sehr kalt war, fror das Wasser. Auf dem Weg zur Erde fing das Eis dann an zu tauen, da es weiter oben immer kälter war als unten. Deshalb kam es nicht als Eis unten an, sondern als Schnee.

Ivanna war diese Erklärung zu einfach, denn sie liebte es, eigene Geschichten zu erfinden, die nicht so einfach zu verstehen waren. Ihre Geschichten waren in der Märchenwelt beheimatet. So glaubte sie an Feen, Elfen und Kobolde, die plötzlich im Wald, auf der Wiese oder am Wegrand erschienen.

Ivanna war den ganzen Tag über sehr still. Selbst über ihr Lieblingsessen, Spaghetti mit Tomatensoße, hatte sie sich kaum gefreut. Nicht einmal als ihr kleiner Bruder Alex ihr eine Nudel vom Teller klaute, ärgerte sie sich.

Ihre Mutter fühlte ab und zu ihre Stirn und fragte: „Bist du krank, Ivanna?"

Sie schüttelte nur den Kopf und ging in ihr Zimmer. Alex kam hinter ihr her und brachte ihr die geklaute Nudel in Geschenkpapier. „Für dich, Ivanna – eine Weihnachtsnudel."

Da musste Ivanna lachen. Sie drückte ihren Bruder herzlich und die beiden spielten Memory, bis es dunkel wurde. Doch Ivanna konnte sich einfach nicht konzentrieren, und so gewann ihr Bruder fast jedes Spiel.

Dann tanzte er im Zimmer umher und freute sich. „Gewonnen! Gewonnen! Alex hat gewonnen."

Endlich war die Dämmerung angebrochen. Ivanna saß wieder ganz dicht am Fenster.

Ihr Bruder kam leise herein und stellte sich zu ihr. „Wartest du auf das Christkind?", fragte er neugierig.

Ivanna antworte kurz und knapp: „Nein!"

„Auf Rudolph, das Rentier mit der roten Nase?", hakte er nervig nach.

Ivanna schaute ihren Bruder an und erklärte ihm: „Du weißt genau, dass er jetzt bei den Feen des Nordlichtes ist."

Ohne Pause fragte Alex weiter: „Worauf wartest du dann? Du schaust immer aus dem Fenster. Den ganzen Tag schon."

Ivanna flüsterte ihm ins Ohr: „Ich warte auf die Schneeflocken."

„Ach so", erwiderte Alex. „Warum sagst du das nicht gleich? Die kommen dieses Jahr nicht, weil sie Angst haben vor den Nasen der Menschen ..."

„Quatsch!", unterbrach ihn Ivanna.

Doch Alex fuhr unbeirrt fort: „Wenn die Schneeflocken auf den großen Nasen der Menschen landen, schwitzen sie und schmelzen – und die Menschen mit den großen Nasen bekommen einen dicken Schnupfen."

„Das ist aber eine dumme Geschichte." Damit beendete Ivanna das Gespräch und schaute angestrengt nach draußen. Sie flüsterte vor sich hin. „Ich weiß, dass die Schneeflocken kommen. Ich habe sie im Traum gesehen. Und in Träumen geschieht nur Wunderbares."

Alex hatte genug von Ivannas Geschichten. Er wollte sich lieber noch einmal *Rudolph, das Rentier* anschauen. Leise ging er aus dem Zimmer, denn er wollte seine Schwester nicht länger ärgern.

Ivanna schaute immer noch angestrengt aus dem Fenster und merkte, dass sie langsam müde wurde. Doch da spürte sie, dass die Bäume sich draußen heftig im stürmischen Wind bewegten. Selbst der dicke Nussbaum in einiger Entfernung zum Haus schüttelte wild seine Äste. Im Herbst hatte er die riesigen Walnüsse abgeworfen, die Ivanna mit ihrem Bruder aufgesammelt hatte, um sie für den Tannenbaum golden anzumalen.

Jetzt stand der Nussbaum dunkel und gespenstisch da. Über dem Wald wurde es plötzlich ganz hell. Blitze tobten. Ein Wintergewitter. Die Sterne verschwanden und dicke, schwere Wolken zogen heran.

„Der eisige Nordwind ist da!", dachte Ivanna fröstelnd. „Vielleicht bringt er die verirrten Schneeflocken vom Nordpol zu uns."

Da! Ivanna sah direkt vor ihrem Fenster eine kleine Schneeflocke herumtanzen. Und da – noch eine Schneeflocke tauchte aus dem nächtlichen Dunkel auf. Ivanna war ganz aufgeregt und dachte: „Wo zwei Schneeflocken sind, da gibt es sicherlich noch mehr." Sie machte die Augen zu und wünschte sich so viele Schneeflocken, dass sie morgen mit dem Schlitten den kleinen Abhang hinunterfahren könnte. Und einen Schnee-

mann wollte sie bauen und ihren kleinen Bruder mit Schnee-bällen bewerfen. Und mit den Schneeflocken, das wusste sie genau, kam auch die Schneeprinzessin Christanella. Sie bewachte die Schneeflocken auf der Erde, dass ihnen nichts passierte. „Juchu! Endlich Schnee! Oh, was für eine wunder-bare Nacht! Und morgen gibt es weiße Weihnachten!", jubel-te Ivanna.

Während sie sich freute und mit ihrem Bruder Alex herum-tanzte, tobte draußen der eisige Nordwind. Der Himmel zuck-te zusammen, Wolken bäumten sich auf und Blitze zischten zur Erde. Es donnerte, blitzte und dröhnte, bis aus den welken Winterwiesen eine weiße Schneelandschaft geworden war. Der eisige Nordwind zerstreute die Wolken und fegte sie wie Fransen immer weiter fort.

Über der weißen Schneelandschaft erhob sich ein leuchten-der Vollmond. Und von ferne hörte man mit heller, kristall-klarer Stimme die Schneekönigin Christanella singen:

Schneeflockenkinder fliegen,
sie tanzen durch die Winternacht,
bis sie am Boden liegen.
Doch bald heißt's wieder: fliegen
in fröhlich-wilder Schneeballschlacht.

Schneeflockenkinder träumen
von einem weißen Schneepalast.
Sie schlafen auf den Bäumen,
und während sie noch träumen,
erscheint Prinz Frost als Wintergast.

Schneeflockenkinder singen,
ihr Lied klingt durch die Dunkelheit.
Wenn Weihnachtsglocken klingen,
hörst du die Flöckchen singen
vom Zauber dieser stillen Zeit.

Kapitel 2

Ängstlich hatte sich die kleine Walnuss auf dem großen Nussbaum vor dem eisigen, grimmigen Nordwind zu verstecken versucht. Aber es gab keine schützenden Blätter mehr, denn die hatte der Nussbaum bereits abgeworfen. Sie war die einzige verbleibende Walnuss an den Ästen, die anderen waren von Kindern aufgesammelt worden. Jetzt zierten sie, kurz vor Weihnachten, gemeinsam mit Äpfeln und Mandelkernen golden die Weihnachtsbäume.

Nur die kleine Walnuss hatte niemand bemerkt, weil sie ganz oben hing und viel zu klein war. Außerdem hatte sie Angst, sich aus dieser großen Höhe fallen zu lassen. Sie wollte sich einfach nicht von ihrem Vater, dem großen Nussbaum, trennen. Denn sie wusste nicht, was sie auf der Erde erwartete.

Wieder einmal hatte sie den Herbstwinden und dem eisigen Nordwind getrotzt. Sie hatte die Augen zugemacht und sich an einem Ast festgehalten. Sie wollte nicht nach unten fallen. Und obwohl die Winde an ihr rüttelten und schüttelten – sie klammerte sich mit aller Macht fest. Der Nussbaum war ihr Zuhause und das sollte er bleiben.

Jetzt war der Sturm vorbei. Sie atmete auf. Und als sie die Augen öffnete, war die Landschaft in Schnee eingehüllt. Die Schneesterne funkelten.

In der Dunkelheit hörte sie ihren Vater vorwurfsvoll sprechen. „Mein liebes Kind. Es ist Winter. Wie lange willst du noch auf meinem Nussbaum bleiben? Deine Brüder und Schwestern zieren schon lange golden die Weihnachtsbäume. Nur du willst mich nicht verlassen." Und der Nussbaum deutete mit seinem Ast zu dem leuchtenden Fenster.

„Mich will ja keiner, weil ich viel zu klein bin", antwortete

leise die kleine Walnuss. „Wie soll ich dann eine goldene Weihnachtsnuss werden? Dann bleibe ich lieber hier." „Aber das geht nicht", brummte Vater Nussbaum. „Warum nicht?", fragte frech die kleine Walnuss. „Wer sagt denn, dass Walnüsse den Baum verlassen müssen? Außerdem ist der Weg nach unten viel zu gefährlich. Vielleicht breche ich mir die Schale." Vater Nussbaum unterbrach seine vorlaute Walnuss: „Wenn du dich fallen lässt, fällst du weich in den Schnee." „Was will ich denn da unten auf der Erde?", fragte die Walnuss traurig. „Von hier oben ist die Aussicht viel schöner. Und ich kann sogar in die Fenster der Menschen schauen."

Damit war das Gespräch zwischen Vater Nussbaum und seiner vorlauten Walnuss in dieser Nacht erst einmal beendet. Als die kleine Walnuss in dieser Winternacht kurz vor Weihnachten einschlief, träumte sie, dass sie golden am Weihnachtsbaum hing, zwischen vielen Strohsternen und leuchtenden Kerzen. Es roch nach Keksen und nach Tannennadeln. Die Kinder bewunderten ihre Schönheit: „Schau nur diese kleine Walnuss an, wie schön sie ist!"

Am frühen Morgen wurde sie unsanft von drei Spatzen geweckt, die sich im Schnee tummelten und lauthals zwitscherten. Irgendwann entdeckte der Anführer die kleine Walnuss.

„Kommt heran, kommt heran,
schaut euch diese Walnuss an!
Ein Mickerling am großen Baum,
bald schlägt sie einen Purzelbaum."

Das Getschilpe der Spatzen war groß über den Witz ihres Anführers, der ein richtiger Rowdy war. Sie prusteten und bogen sich vor Lachen.

„Tschilpy, tschilpy, Rowdy du!
Ein Spatz, der ist kein Kakadu."

Auf das Kommando des Anführers flogen die Spatzen auf
den Ast, an dem die kleine Walnuss hing.

„Na, du kleiner Jämmerling!
Bist du vielleicht ein Däumeling,
der gerne schaukelt, ach so fein,
zum Zwitschern lieber Vögelein?"

„Tschilpy, tschilpy, Rowdy du!
Ein Spatz, der ist kein Kakadu."

Und mit erneutem Gezeter und Getschilpe hüpften die Spatzen auf dem Ast hin und her, dass die kleine Walnuss ängstlich aufschrie. Doch die Vögel hopsten weiter, bis die Walnuss sich nicht mehr festhalten konnte und langsam durch die Luft nach unten in den Schnee segelte. Und die Spatzen hinterher. Johlend tanzten sie den Spatzenrap.

Wir Spatzen, Spatzen, Spatzen
sind so herrlich süße Fratzen,
wir picken mit dem spitzen Schnabel
und brauchen keine Gabel.

Der Erich rechts und links der Franz
und mittendrin der freche Hans.

Frech getanzt – die Augen zu
und untendrunter Schnee, juhu!
Wir tanzen gern so Bauch an Bauch,
wie es ist Familienbrauch.
Der Erich rechts und links der Franz
und mittendrin der freche Hans.

Mit viel Gekreische flogen sie von dannen auf der Suche nach weiteren Streichen.

Kapitel 3

Nun lag die kleine Walnuss also im tiefen Schnee. Ihr war kalt. Nicht einmal den Himmel konnte sie sehen. Sie hörte Vater Nussbaum ängstlich rufen: „Wie geht es dir, kleine Walnuss? Hast du dich verletzt? Wie geht es deiner Schale?"

„Mir geht es gut", gab die kleine Walnuss zurück. „Aber was soll ich jetzt machen?"

„Du musst warten, bis der Schnee schmilzt", antwortete Vater Nussbaum.

„Und wann ist das?"

Vater Nussbaum rief ihr zu: „Im Frühjahr, wenn die Sonne wieder scheint."

Die kleine Walnuss stöhnte. „Oh, wie langweilig. Und was mache ich bis dahin?"

„Ich kann dir abends eine Gutenachtgeschichte erzählen", beruhigte sie der alte Baum.

Da hörte die kleine Walnuss Geräusche. Kleine Krallen schaufelten den Schnee über ihr weg. Als sie in ein braunes Gesicht schaute, erstarrte sie vor Angst. Es war das Eichhörnchen Kasimir auf der Suche nach Nüssen. Sie kannten sich, denn das Eichhörnchen war im Sommer oft genug mit Frau Eichhörnchen den Baum rauf- und runtergeklettert. Sie hatten Fangen gespielt und sich um nichts anderes gekümmert. Und als es kalt wurde, hatten sie sich zur Winterruhe in die Baumhöhle gelegt. Von da an blieben sie verschwunden – bis zu diesem Morgen, als das Eichhörnchen Kasimir die Walnuss anstarrte.

„Was machst du denn hier?"

„Die Spatzen haben mich vom Baum heruntergeschaukelt", antwortete die kleine Walnuss schüchtern.

„Aber das hier ist genau der Platz, wo ich meine Kastanie im Herbst vergraben habe", entgegnete Kasimir. „Am besten, du verschwindest, damit ich die Kastanie für meine hungrige Frau Karoline ausgraben kann."

„Ich kann mich aber nicht bewegen, weil ich keine Beine ..." Ungeduldig schob Kasimir die kleine Walnuss beiseite und buddelte wie ein Schneepflug nach der Kastanie. Er bemerkte nicht, wie der Schnee sich über der kleinen Walnuss auftürmte, bis sie schließlich ganz verschwunden war. Und die Kastanie war einfach nicht zu finden.

Traurig wendete sich das Eichhörnchen ab. „Sie ist nicht da. Was mache ich jetzt ... ohne Kastanie?" Nachdenklich schaute Kasimir über die weiße Schneelandschaft, aber er konnte sich wirklich nicht mehr erinnern, wo er die Kastanie vergraben hatte. „Wenn sie nur sprechen könnte, dann könnte sie mir sagen, wo sie liegt", murmelte er halblaut vor sich hin.

Plötzlich hörte er laute Rufe unter dem Schnee: „Hallo! Hallo! Kannst du mich wieder ausbuddeln?"

„Bist du's, Kastanie? Wo liegst du?", antwortete Kasimir schnell.

„Hier unter dem Schneehaufen."

Kasimir setzte seine Vorderfüße wieder als Schneepflug ein, bis er die kleine Walnuss freigelegt hatte. „Ach, du bist es. Ich dachte, die Kastanie hat mich gerufen."

„Warum sollte dich eine Kastanie im Winter rufen?", warf die kleine Walnuss ein.

„Ich möchte sie meiner Frau Karoline schenken – als Hauptgang", sprach Kasimir, „denn ich möchte endlich wieder Winterruhe halten. Aber solange Karoline hungrig ist, wird sie mich nicht schlafen lassen. Und ich bin so müde."

Dabei gähnte Kasimir so herzhaft, dass die kleine Walnuss dachte, er würde sie gleich auffressen.

„Heute Morgen hörte ich während meiner Winterruhe die Stimme meiner Frau Karoline. Kasimir, Kasimir! Unsere Vorratskammer ist leer. Keine Eichel. Keine Kastanie. Nicht einmal ein Stückchen Tannenzapfen ist zu finden. Erst stellte ich mich schlafend, doch meine Frau gab nicht auf. Sie rüttelte und schubste mich und rief immer lauter: Kasimir, Kasimir! Ich habe Hunger. Und wenn ich Hunger habe, kann ich nicht schlafen.

Ich gähnte nur und drehte mich auf die andere Seite. Dabei murmelte ich: Während der Winterruhe gibt es nichts zu essen.

Doch Karoline ließ nicht locker. Sie zog mich aus dem warmen Bett und sagte mir eindringlich: Ich habe Lust auf ein Stückchen Walnuss. Es könnte auch zur Not eine Eichel sein. Aber am liebsten wäre mir eine Kastanie. Geh endlich los, Eichhörnchenmann. Such die Kastanie, die wir im Herbst vergraben haben.

Ich antwortete: Leider weiß ich nicht, wo ich die Kastanie vergraben habe – weil ich die Nuss- und Kastanienkarte verloren habe.

Sie schob mich langsam aus der Baumhöhle mit den Worten: Dann verlass dich auf deine Eichhörnchennase. Und komm nicht ohne was zum Fressen zurück.

Ich streckte meinen Kopf aus der Höhle und war vom weißen Schnee geblendet. Wie sollte ich ohne Nuss- und Kastanienkarte die Kastanie finden. Ich wagte mich vorsichtig vom Baum herunter und begann zu suchen, kreuz und quer, wie ein Schneepflug." Traurig fügte er seiner Geschichte hinzu: „Ohne Kastanie darf ich nicht zur Höhle zurück. Und hier draußen ist es bitterkalt. Drinnen ist es warm. Und müde bin ich auch." Wieder gähnte Kasimir ganz laut.

Die kleine Walnuss versuchte, das traurige Eichhörnchenmännchen zu trösten. „Kannst du ihr nicht was anderes zu essen besorgen? Vielleicht einen Tannenzapfen?"

„Da müsste ich ja in den Wald", antwortete Kasimir.

„Was kannst du deiner Frau noch zum Essen anbieten?", fragte die kleine Walnuss interessiert.

Kasimir schaute sie lange an. „Eine Walnuss." Das Eichhörnchen nahm die kleine Nuss zwischen die Pfoten und betrachtete sie von allen Seiten. „Du bist so klein, dass man dich kaum sieht. Ist denn überhaupt etwas in dir drin oder bestehst du nur aus Schale?"

Bevor die Walnuss etwas sagen konnte, war Kasimir auf dem Weg zurück zur Baumhöhle, zurück zu seiner hungrigen Frau, die schon sehnsüchtig auf ihn wartete. „Gib mir sofort die Kastanie, bevor ich vor Hunger sterbe!"

Kasimir zeigte ihr freudestrahlend die kleine Walnuss.

„Was ist denn das?", fragte Karoline entsetzt und lief um Kasimir und die kleine Walnuss herum.

„Eine Walnuss", antwortete kleinlaut ihr Mann.

„Das soll eine Walnuss sein?!", sagte sie kichernd. „Und davon soll ich satt werden? Ich will eine Kastanie haben. Eine richtig große, dicke, fette Kastanie und keine Walnuss, die nur aus Schale besteht. Geh und komm nicht ohne die Kastanie zurück. Sonst ist es vorbei mit der Winterruhe."

Kasimir krabbelte gemeinsam mit der Walnuss nach draußen. Bevor er sich wieder als Kastaniensucher und Schneepflug betätigte, warf er die kleine Walnuss achtlos in hohem Bogen weg, sodass sie in einen Maulwurfgang hineinkullerte, immer tiefer, bis sie mit dem Bewohner des Baus zusammenstieß. Beide schauten sich entsetzt an.

Kapitel 4

Der Maulwurf nuschelte ärgerlich: „Was willst du hier? Das ist mein Bau. Und da hat niemand was verloren."

„Wo bin ich?", fragte ängstlich die Walnuss.

„In der Behausung von Manni Maulwurf."

Die Walnuss entschuldigte sich: „Das Eichhörnchen hat mich einfach weggeworfen. Und da ich so klein bin, bin ich in den Gang gekullert, ohne dass ich es wollte."

Manni, der ziemlich schlecht sehen konnte, weil er sich fast nur unter der Erde aufhielt, kam ganz nah an die Walnuss heran. Und da er nur Engerlinge und Würmer fraß, fragte er vorwitzig: „Was bist du denn für ein Tier?"

„Ich bin kein Tier, sondern eine Walnuss", antwortete diese besonders schnell. „Die Spatzen haben mich vom Baum geschaukelt, sodass ich in den Schnee gefallen bin. Dann hat mich das Eichhörnchen Kasimir gefunden. Der wollte mich seiner Frau zum Essen geben. Aber da ich viel zu klein bin, haben sie mich einfach weggeworfen."

„Das war aber nicht sehr schön von dem Eichhörnchen", sagte Manni Maulwurf artig und höflich, denn er bedauerte die kleine Walnuss, die tief in seinem Tunnelsystem unter der Erde gelandet war.

„Das kann man wohl sagen", erwiderte die Walnuss weinerlich. „Dabei will ich am liebsten an einem Weihnachtsbaum hängen. Heute ist nämlich Weihnachten."

„Weihnachten?", fragte der Maulwurf. „Ist das ein besonderer Tag?"

„Das ist der schönste Tag im Leben einer Walnuss", erklärte die Nuss. „Die Kinder malen sie golden an, machen eine kleine Schnur dran und hängen sie zu Mandelkernen, Strohsternen und Kerzen an den Tannenbaum."

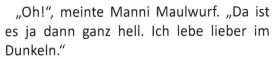

„Oh!", meinte Manni Maulwurf. „Da ist es ja dann ganz hell. Ich lebe lieber im Dunkeln."

Traurig erzählte die Walnuss dem Maulwurf von ihren Wünschen. „Im Haus gegenüber steht ein Tannenbaum und viele Brüder und Schwestern von mir hängen dort. Da will ich auch hin. Aber ich habe nur noch ein paar Stunden Zeit, bis der Baum angezündet wird und die ganze Familie Weihnachtslieder singt."

Da hatte Manni eine Idee. „Mein Tunnelsystem besteht aus vielen Gängen und reicht bis fast vor die Häuser, wo die Menschen wohnen. Ich kann dich ein Stückchen dahinschieben."

„Das ist eine tolle Idee", jubelte die Walnuss.

Schon begann der Maulwurf, die Walnuss durch die vielen Gänge zu schieben, und irgendwann landete sie auf einem Maulwurfhügel.

„Ich danke dir, lieber Maulwurf."

„Gern geschehen. Ich wünsche dir viel Glück. Ich muss wieder hinunter, weil das Licht meine Augen blendet. Mach's gut, kleine Walnuss. Mögen deine Träume in Erfüllung gehen. Ich muss dringend ein paar Engerlinge und Würmer fressen, sonst falle ich vom Fleisch."

Damit verabschiedete sich Manni Maulwurf und verschwand auf kleinen Füßen schnell wieder unter der Erde.

Kapitel 5

Da lag die kleine Walnuss auf dem Maulwurfhügel, dessen Spitze aus dem Schnee herausragte. Natürlich hatte sie nicht so einen guten Überblick wie auf dem Nussbaum oben. Aber sie sah, wie Ivanna und ihr Bruder in einiger Entfernung mit einem Schlitten zu dem kleinen Hügel zogen. Außerdem sah sie den Tannenbaum im großen Fenster. Und wieder überkam sie die Sehnsucht, an Weihnachten am Baum zu hängen. Den Duft der selbst gebackenen Weihnachtskekse zu riechen. Tannenduft. Weihnachtslieder. Ihr Vater hatte ihr davon erzählt. Er hatte es selbst erlebt, als er noch eine Walnuss gewesen war. Er sprach gern von dem Zauber an Weihnachten, den sie ebenfalls erleben wollte. Doch wie sollte sie ins Haus kommen? Es waren zwar nur noch ungefähr hundert Meter, aber für eine kleine Walnuss war diese Strecke unüberwindbar. Sie fing leise an zu weinen.

Plötzlich stand ein Feldhase neben ihr. „Warum weinst du denn? Brauchst du Hilfe?"

Langsam drehte sich die Walnuss um. „Mir kann niemand helfen."

„Ich bin Ferdinand, der Glückshase." Dabei trommelte der Hase mit der linken Vorderpfote auf die Erde. „Und das ist meine Glückspfote."

Die Walnuss schaute genau hin und stellte fest, dass die linke Vorderpfote ganz rot war.

„Wer mir begegnet, dem bringe ich Glück", betonte Ferdinand. „Nenne mir deinen Wunsch und ich werde ihn erfüllen."

Das Gesicht der kleinen Walnuss hellte sich auf. Und sie sprach ganz aufgeregt: „Ich möchte so gern eine goldene Weihnachtsnuss werden und am Weihnachtsbaum hängen."

„Wenn's weiter nichts ist. Dein Wunsch kann erfüllt werden."

Der Feldhase Ferdinand trommelte mit seiner linken Glückspfote morseartig auf den Boden und schon erschienen aus allen Richtungen Hunderte von Ameisen und umringten ihn. Er sprach zu ihnen: „Seht ihr diese kleine Walnuss? Sie möchte eine Weihnachtsnuss werden. Bringt sie in den Garten des Hauses, vor das große Fenster mit dem Weihnachtsbaum."

Die Ameisen umringten die Walnuss, hoben sie wie auf ein geheimes Kommando hoch und trugen sie langsam in den Garten. Ferdinand folgte ihnen vergnügt.

Die Walnuss konnte es kaum fassen, dass ihr Wunsch in Erfüllung gehen sollte. Doch die Ameisen trugen sie in den Garten, ganz dicht ans Fenster heran. Dann verschwanden sie schnell.

Ferdinand trommelte zum Abschied mit seiner Glückspfote, dann verbeugte er sich höflich vor der Walnuss. „Stets zu Diensten, meine kleine Weihnachtsnuss."

Sehnsüchtig schaute die Walnuss zum Tannenbaum. „Aber wie komme ich jetzt hinein?"

„Wenn's weiter nichts ist. Auch dein zweiter Wunsch kann erfüllt werden, obwohl es ein Weihnachtswunder ist", murmelte Ferdinand, der Feldhase, geheimnisvoll.

Er trommelte erneut mit seiner Glückspfote und schon erschien am Himmel ein kleiner Stern, der langsam näher kam und schließlich dicht über dem Feldhasen schwebte.

„Du hast mich gerufen, Feldhase?", sagte der Stern leise und seine Worte klangen wie himmlischer Gesang.

Ferdinand verbeugte sich höflich. „Lieber Weihnachtsstern, es wird Zeit für ein Weihnachtswunder. Diese kleine Walnuss möchte eine Weihnachtsnuss werden."

„Ich weiß", antwortete der Stern lächelnd. Er schwebte ganz langsam zu der Walnuss und sprach zu ihr: „Dein Wunsch wird in Erfüllung gehen. Du wirst eine Weihnachtsnuss werden

und später ein großer Nussbaum. Das Samenkorn ist stärker als der Baum, denn es enthält die Kraft für noch Größeres." Mit diesen geheimnisvollen Worten verschwand der Stern und leuchtete besonders hell an diesem Weihnachtsabend.

Ferdinand trommelte ein letztes Mal mit seiner Glückspfote und verschwand hoppelnd in der Dunkelheit.

Plötzlich öffnete sich die Tür und Ivanna und Alex kamen heraus. Das Mädchen deutete mit seinem Finger zum Himmel.

„Siehst du den Stern da oben? Das ist der Weihnachtsstern, der nur am Weihnachtsabend am Himmel erscheint. Mit einem wunderbaren Gedanken bringen wir ihn zum Leuchten. Wir müssen nur unsere Augen schließen und fest daran glauben."

Während die Geschwister ihre Augen schlossen und in sich einen wunderbaren Gedanken entstehen ließen, nahmen sie in der Dunkelheit ein helles Licht wahr, das genau in ihren Garten strahlte, direkt auf die kleine Walnuss. Der Stern am Himmel leuchtete golden.

Ivanna rannte dahin, wo der Strahl auftraf und fand die kleine Walnuss. Sie hob sie vorsichtig auf, denn es war, als ob diese von innen leuchtete. „Gestern war sie noch nicht da. Da bin ich ganz sicher. Wie ist sie nur in unseren Garten gekommen?"

Ivanna schaute zum Himmel. Der Stern leuchtete immer heller.

Plötzlich hörte sie Alex schreien. „Da, ein Feldhase! Und schau, Ivanna, sein Fuß leuchtet ganz rot."

Ivanna wusste, dies war der Glückshase mit seiner Glückspfote.

Die beiden liefen schnell ins Haus und malten die kleine Walnuss golden an. Mit einem Faden hängten sie die Weihnachtsnuss an einen Tannenzweig. Und dann war auch schon Bescherung. Die Kerzen wurden angezündet und alle sangen ein Weihnachtslied, während die kleine Walnuss wie ein Stern leuchtete.

Und von draußen schauten der Glückshase Ferdinand und der Weihnachtsstern durchs Fenster herein. Sie sahen die kleine Walnuss und wussten, dass sie jetzt glücklich war.

Der Feldhase trommelte mit seiner Glückspfote ganz leise auf den Boden und sagte: „Was wäre Weihnachten ohne ein Weihnachtswunder?"

Und der Stern lächelte.

Kapitel 6

Wieder war es Weihnachten geworden. Ivanna und Alex lebten beide schon lange nicht mehr zu Hause, aber an besonderen Tagen wie Weihnachten kamen sie immer heim. Und wie jedes Jahr genossen sie den Duft der Weihnachtsplätzchen, den Tannennadelgeruch und die goldenen Walnüsse.

Bei einem gemeinsamen Spaziergang gingen sie nach der Bescherung dorthin, wo sie die kleine Walnuss einst eingepflanzt hatten. Und sie stellten fest: Der Baum war schon wieder größer geworden. Bald würde er Nüsse tragen und darunter war sicherlich eine kleine Walnuss, die auf ein Weihnachtswunder hoffte.

Der Autor

Dieter Baldo Autor, Clown & Regisseur – Besuch der Badischen Schauspielschule (Karlsruhe) sowie Regieassistent am Theater DIE INSEL in Karlsruhe.

Studium an der Uni Karlsruhe und der Staatl. Hochschule für Musik Karlsruhe (Literatur- und Musikwissenschaft – Promotion), anschließend Dramaturg und Spielleiter am Oldenburgischen Staatstheater; Chefdramaturg, Presse- und Öffentlichkeitsreferent am Theater Trier.

Heirat und Geburt der Kinder Enrico und Marcella, Gründung der GLINDER MÄRCHENSPIELE e.V.; Inszenierung eigener Kindermusicals und seit 2004 freier Autor & Regisseur.

2006 erfolgte die Gründung der Kleinkunstbühne „Klamotte Würmersheim e.V. und 2011 die Gründung der „Bickesheimer Klosterfestspiele e.V..

Unser Buchtipp

In diesem alten Herrenhaus wollte sie wohnen. Denn Lotta Laus, die kleine Maus, sucht Ruhe und Schutz. Hier würde sie niemand stören. Denn einen Mangel hat Lotta, sie sieht nicht gut, stößt gerne einmal etwas um oder verletzt sich an einem Gegenstand. Doch alles kommt anders, denn bald muss sie feststellen, dass sie nicht alleine ist. Johann Mohnblume lebt hier und mit ihm und der gefundenen Brille, verändert sich Lottas ganzes Leben.

Rita Mintgen
Lotta Laus, die Brillenmaus

ISBN 978-3-86196-614-2, Hardcover, 76 Seiten
farbig illustriert von Susanne Verlinden

www.papierfresserchen.de